Conrad K. Butler

LA VIDA DE GATOS- HECHOS ASOMBROSOS

libro para niños

1. LOS GATOS HACEN ALREDEDOR DE 100 SONIDOS DIFERENTES, LOS PERROS SOLO ALREDEDOR DE 10.

2. LAS PERSONAS ALÉRGICAS A LOS GATOS NO SON ALÉRGICAS A SU PELO, SINO A LA SALIVA DEL GATO OA LAS PARTÍCULAS DE EPIDERMIS DEPOSITADAS EN EL PELAJE.

3. LOS GATOS NO
RECONOCEN
EL SABOR DULCE

4. LOS GATOS NO TIENEN CLAVÍCULA. ESTA "FALTA" SIGNIFICA QUE PUEDEN PRESIONAR EN CUALQUIER ESPACIO POR EL QUE PUEDA PASAR SU CABEZA.

5. SOLO GATOS
SUDOR EN LAS PLANTAS
DE SUS PATAS.

6. LA NARIZ DE CADA GATO ES TAN ÚNICO COMO UNA HUELLA DACTILAR HUMANA.

7. LOS GATOS MACHOS SUELEN SER ZURDOS Y ES MÁS PROBABLE QUE LAS GATAS USEN LA PATA DERECHA.

8. LA MAYORÍA DE LOS GATOS BLANCOS CON OJOS AZULES SON SORDOS. LOS GATOS BLANCOS CON UN SOLO OJO AZUL SON SORDOS A LA OREJA DEL LADO DE EL OJO AZUL

9. UN GATO NO PUEDE VER LO QUE ESTÁ DIRECTAMENTE FRENTE A SU NARIZ. POR LO TANTO, A MENUDO NO PUEDE ENCONTRAR PIEZAS PEQUEÑAS (POR EJEMPLO, COMIDA) EN EL PISO.

10. HAY 230 HUESOS EN EL CUERPO DE UN GATO Y 206 EN EL CUERPO DE UN SER HUMANO.

II. UN GATO PUEDE ESCUCHAR SONIDOS A DOS OCTAVAS MÁS ALTO DE LO QUE OYE UN HUMANO.

12. EL ÁNGULO DE VISIÓN DEL GATO ES DE APROXIMADAMENTE 185 GRADOS

13. CASI EL 10% DE TODOS LOS HUESOS DE UN GATO ESTÁN EN SU COLA.

11. LOS GATOS
PUEDEN VER HASTA
36 METROS.

15. LA MAYORÍA DE LAS CAMADAS TIENEN DE 1 A 9 GATITOS. HUBO 19 GATITOS EN LA CAMADA RÉCORD, DE LOS CUALES 15 SOBREVIVIERON.

16. LOS GATOS TIENEN EL LLAMADO TERCER PÁRPADO. EVITA QUE SE PRODUZCAN LOS OJOS SECOS Y OTROS DAÑOS.

17. LA COLUMNA VERTEBRAL DEL GATO ES MUY FLEXIBLE PORQUE CONSTA DE HASTA 53 VÉRTEBRAS CONECTADAS DE FORMA FLEXIBLE. LA COLUMNA VERTEBRAL HUMANA SÓLO TIENE 3L VÉRTEBRAS.

18. LA MANDÍBULA DE UN GATO
NO SE MUEVE HACIA LOS LADOS,
POR LO QUE LOS GATOS NO
PUEDEN MASTICAR TROZOS
GRANDES DE COMIDA.

19. LOS GATOS SUELEN TENER 12 BIGOTES EN CADA LADO DE SU CARA.

20. LA VELOCIDAD MÁXIMA AL CORRER EL GATO ES DE 48 KM/H.

21. LOS GUEPARDOS SON LOS ÚNICOS GATOS QUE NO ESCONDEN SUS GARRAS.

22. LOS GATOS SON EXTREMADAMENTE SENSIBLES A LAS VIBRACIONES Y LOS TEMBLORES. APARENTEMENTE, PUEDEN SENTIR UN TERREMOTO INMINENTE 10-15 MINUTOS ANTES QUE UNA PERSONA.

23. LOS GATOS PUEDEN TREPAR
FÁCILMENTE A LOS ÁRBOLES,
PERO BAJAR AL SUELO ES
UN PROBLEMA PARA ELLOS PORQUE LAS
GARRAS EN FORMA DE GANCHO SE DOBLAN
DE UNA SOLA MANERA.

24. LOS GATOS
PUEDEN ESTAR A LA
ALTURA A 20 AÑOS,
QUE SON 98 AÑOS
HUMANOS.

25. LOS GATOS USAN SUS BIGOTES PARA "SENTIR" EL MUNDO QUE LOS RODEA, TRATANDO DE DESCUBRIR EN QUÉ ESPACIOS PEQUEÑOS PUEDEN CABER.

26. LA AUDICIÓN DEL
GATO PROMEDIO ES AL
MENOS CINCO VECES
MEJOR QUE ESO
DEL HUMANO ADULTO.

27. SI TU GATO SE TE ACERCA CON LA COLA ERGUIDA, CASI VIBRANDO, SIGNIFICA QUE ESTÁ MUY FELIZ DE VERTE.

28. ¡LOS GATOS PUEDEN BEBER AGUA DE MAR! SUS RIÑONES PUEDEN FILTRAR LA SAL DEL AGUA, ALGO QUE LOS HUMANOS NO PUEDEN HACER.

29. LOS GATOS TIENEN UN ÓRGANO ADICIONAL QUE LES PERMITE SENTIR LOS OLORES EN EL AIRE, POR LO QUE TU GATO OCASIONALMENTE TE MIRARÁ FIJAMENTE CON LA BOCA ABIERTA.

30. LOS GATOS
PASAN EL 70% DE
SU VIDA
DURMIENDO.

31. LOS GATOS PUEDEN SALTAR A UNA ALTURA DE SEIS VECES SU LONGITUD.

32. LOS GATOS USAN SUS LARGAS COLAS PARA MANTENER EL EQUILIBRIO CUANDO SALTAN O CAMINAN SOBRE COSAS ESTRECHAS.

33. AUNQUE LOS GATOS PUEDEN NOTARLO LOS RÁPIDOS MOVIMIENTOS DE SUS PRESAS, A MENUDO SIENTEN QUE LOS OBJETOS QUE SE MUEVEN LENTAMENTE EN REALIDAD ESTÁN ESTACIONARIOS.

34. CUANDO LOS GATOS CAMINAN,
SUS PATAS TRASERAS CAMINAN
CASI EXACTAMENTE DONDE SOLÍAN
ESTAR LAS PATAS DELANTERAS,
MANTENIENDO EL RUIDO AL MÍNIMO
Y MINIMIZANDO LAS MARCAS
VISIBLES.

comprobar también:

y mucho más!